....et la vie
continue...

J'ai toujours voulu écrire, mais je n'ai jamais pensé pouvoir mettre un jour sur du papier...

"Et la vie continue".

Et oui, la vie continue avec ses incertitudes, ses rires et ses larmes. Pouvoir écrire c'était pour moi, donner au cours de la vie une autre chance de se racheter de cette misère. J'avais enfermé toute mon enfance dans un endroit où personne ne pouvait entrer, j'avais fait autour de moi une coquille d'acier, que même la plus petite graine de poussière ne pouvait pénétrer. J'avais vingt ans quand mes parents adoptifs me proposèrent d'écrire mes angoisses, mes peurs, mes pensées et de poser mes lourds bagages pour pouvoir enfin assécher sur des draps douillets l'amertume cachée sous un chapeau de

mensonges. Si aujourd'hui (41 ans) j'ai décidé d'écrire c'est parce que dans un moment de la vie tout recommence à se mélanger en soi, les peurs refont surface avant de se noyer dans une grande mer, et les tristesses effleurent les pensées, je suis en train de me questionner et comme toujours je me retrouve à aimer la profondeur du silence, je cherche des réponses dans des pages blanches d'un vieux cahier, mais inexplicablement je vois le passé, mon enfance et je me demande pourquoi.

Je me sens incapable de penser, de me lever de ma chaise mais....la vie continue.....je regarde mon propre film, derrière un rideau usé par le temps. Des frissons parcourent mon corps, mes muscles, je les sens devenir raides, la première séance de ma vie est en train de défiler devant mes yeux le rideau petit à petit s'ouvre et...

....Et je me revois petite avec les jambes dans un grillage d'un grand balcon, d'un grand jardin, d'un grand foyer, je regarde avec intérêt les autres filles jouer avec un vélo, la corde et à la marelle qui était mon jeu préféré. A sept ou huit ans je me retrouve avec un caractère très fort et en même temps j'étais très fragile. J'étais très souvent en conflit avec les autres, mais spécialement avec les adultes.

Les saisons passèrent doucement comme une montre qui dicte inexorablement les heures.

Chaque jour était le même jour, chaque année était la même année rien ne changeait jusqu'à cet été '70. Toutes les filles et les "bonne sœurs" sommes parties en colonie de vacances, c'était un moment magique, je ne pensais à rien, j'avais envie seulement de me régaler, de courir, de marcher, de rire et, pourquoi pas aussi de rêver.

Chaque année nous allions à Livourne et la colonie était entre le vert des forets et le bleu intense de la mer, c'était trop....comment dire....magique.

J'avais préférence pour la foret, la nature, le bruit délicat des branches d'arbres et, que seul le silence me tenait compagnie.

Ceci reflétait mon être.

J'avais une peur bleu de la mer, je trouvais que c'était trop grand, qu'il y avait trop d'eau, cette immensité mystérieuse me faisait sentir encore plus petite, mais je crois que j'avais aussi

peur de l'inconnu, de mettre les pieds dedans, marcher et, ne pas savoir ce qu'il y avait sous mes pied, tout cela me faisait peur. La journée nous la passions à la mer, où on se régalait beaucoup, à chercher des coquillages, on cherchait à apprendre tant bien que mal à rester   à la surface, on faisait des compétitions à qui

arriverait en premier au rocher de la "ballerine", (la légende raconte qu'un jour une petite danseuse s'était jetée à la mer par amour etc. etc.). Au moment du goûter, je regardais autour de moi, j'observais mes camarades, et la seconde âpres je rigolais comme une dingue.....on était toutes pareilles...., même maillot de bain, même chapeau, même crème solaire et, surtout même coup de soleil, et le soir venu, quand on s'allongeait sur des matelas par terre, nous étions tellement fatiguées, qu'on avait du mal à se raconter toutes les belle choses qu'on avait faites.

Un jour nous étions en promenade toutes ensembles, "bonne sœurs et filles (je n'aimais pas les promenades parce que je voyais les regards des gens sur nous, mais spécialement sur moi, et je disais que nous allions en "procession"), nous sommes allées, au Monténégro où il y avait beaucoup des choses à voir: le marché aux puces.

Il y avait des étals des gourmandises, des

présentoirs avec des vêtements et des étagères avec des bibelots. L'envie de toucher à tout était très forte, mais... on savait aussi qu'il y aurait eu des punitions, alors on regardait et on touchait avec les yeux. Mes yeux d'enfant allaient de droite à gauche et tournaient partout,(mon impression?....je n'avais plus des yeux mais des billes) jusqu'à ce que mon regard se porte sur un petit appareil photo, très très petit, si petit que je pouvais le tenir dans le creux de ma main, j'étais fascinée, j'avais envi de l'acheter, et je ne sais pas pourquoi un voile de tristesse caressait mon cœur, mon visage, mon corps tout entier.

La mère supérieur a su lire dans mes yeux, les sentiments mélangés d'émerveillement et de tristesse car je ne pouvais m'offrir ce petit bijou, et avec joie elle m'a fait cadeau de cette petite boite avec un œil, pour photographier le monde. J'étais submergée de joie, très contente, je voulais faire des photos, je voulais quelque chose pour moi, et je savais du plus profond de mon cœur, que j'en aurais fait un bon usage.

Le soir, fatiguées de la promenade, nous nous sommes jetées sur les matelas à même le sol, nous avons parlé de cette journée passée à Monténégro, nous avons rigolé des gens, parlé de ce que nous ferions demain, et du fond de la chambre une voix endormie me demande:

<<Tu nous as fait des photos? >>

En baillant je lui réponds: << Oui, et j'espère qu'elles sont bien prises>>.

Quelques secondes plus tard, la même voix me dit: << Quand feras- tu développer les photos? Tu me donneras la mienne? >>

<< Oui, promis, je te donnerais des

photos,......c'est l'heure de dormir.....bonne nuit......à demain.

Cinq minutes plus tard, toujours la même voix endormie me demande:

<< comptes-tu les envoyer à ta maman? >>

Je sens que mon cœur commence à battre très fort, j'ai cru avoir une douleur au ventre.

Je n'ai pas pu répondre à cette question, car je ne connaissais pas "ma maman", je savais qu'elle existait, mais...je ne l'avais jamais vue.

J'avais 9 ans et c'était la première fois que j'entendais le mot << ta maman>>.

Par la suite, ce mot, m'a mangé l'estomac, dévoré le cerveau, enlevé toutes mes forces et, rendue fragile, comme un bébé qui vient de naître.

L'envie de jouer, de rire, s'est envolée, je

recherchais à rester toute seule, pour penser à "ma maman".

Beaucoup de fois, j'ai essayé de l'imaginer, mais je n'ai pas réussi à lui donner un visage, un sourire.

J'avais envie que les vacances finissent le plus vite possible.

Et les jours passèrent lentement et tranquillement, quand un après-midi, j'étais allongée sur mon matelas et je fus prise par des douleurs à l'estomac, les mêmes douleurs que j'ai eu quelque temps auparavant, j'avais mal, et je ne comprenais pas pourquoi quand je pensais à ma mère j'avais mon corps qui devenait comme une corde de violon.

Tout autour de moi la pièce tournait, les murs voltigeaient sur ma tète, et avec horreur je

m'aperçus que sur mes jambes, il y avait du sang,
mon corps tremblait, mes mains tremblaient, la
tète qui me tournait, et ...la peur...., oui la peur,
envahissait mon être....

<< Je dois être tranquille, courage Ame, ce n'est
rien, restes tranquille>>

Je cherchais, à me parler, à me donner du
courage, car des idées noires envahirent mon
esprit. <<J'ai fait quoi?, >>

Je pleurais, je ne savais pas quoi faire, je
n'arrivais pas à me calmer, et je me demandais:

<<j'ai fait quoi?, j'ai fait quoi? >>

Je ne saïs pas combien de temps après, j'ai eu
le courage de sortir de la chambre.

Je parcours le couloir blanc, blanc comme mon
visage et je me demande si j'arriverais à

l'infirmerie,....... tout mon corps est mal!

Je me retrouve devant la porte de l'infirmerie, sans frapper, j'ouvre, je rentre comme une furie, à ce moment là je ne pense pas que je pourrais être punie pour être rentrée sans frapper dans une pièce interdite.

J'avais besoin que quelqu'un me réconforte.

<< Tu sais bien que c'est interdit d'entrée ici? >>

J'avais reconnu la voix de la sœur-infirmière, elle criait tout le temps, même si elle parlait normalement.

<<pourquoi es-tu ici?, qu'est-ce que tu as encore fait? >>

Je la vois me regarder du haut de ses lunettes, elle était sérieuse, pendant que moi je pleurais comme une fontaine. Finalement, je peux lui expliquer le problème que j'étais en train de vivre.

Le silence était tombé dans la pièce...

La sœur-infirmière se tourne vers moi et me demande: << Quel âge as tu, Ame?>> << Je viens de faire 9 ans>>

Je ne comprenais pas pourquoi elle me demandait mon âge, pourquoi elle était si calme.

<< Prends une chaise, et assieds-toi à coté de moi, aujourd'hui tu es devenue "grande", cette petite perte de sang ce normale, et s'appelle "règles">>. De mes 9 ans je ne comprenais rien de ce qu'elle me disait, mais je cherchais à faire un grand effort pour être "grande".

<< Quand on est "grande", nous les femmes, chaque mois on a des pertes de sang, appelées "règles">>.

Je continuais à ne rien comprendre, tout était difficile pour moi, j'avais l'impression que ma tète voyageait très loin, et je ne savais même pas où.

La sœur-infirmière avait compris que tous ces mots étaient compliques pour moi.

<< Maintenant, tu es une petite femme, ton corps est en train de se former, petit à petit tu grandiras et un jour tu pourras aussi être mère.

Pour la deuxième fois mon corps tremble au mot "maman". La sœur-infirmière continue de me parler en me disant:

<< Ame, c'est tout à fait normal, naturel, c' est la vie, on naît, on vit, et on meurt>>.

Je me lève de la chaise, et comme je suis rentrée, je suis sortie comme une furie. Je cours à travers le petit couloir qui ne finissait jamais, je pleure.....je pleure....., impossible de m'arrêter.........

Beaucoup de questions....., beaucoup de pourquoi......Ma tète répète machinalement << pourquoi, pourquoi>>.

Ma voix sort comme une tempête de ma gorge, et je crie......je crie...que je ne veux pas grandir, je ne veux pas être femme, et surtout je ne veux pas être mère.

Les semaines passèrent et le jour de partir arrive. Un mélange de sentiments étranges me faisait croire que mes 9 ans pesaient lourdement sur mes épaules déjà fragiles.

Je n'étais plus une petite fille qui jouait à la marelle, qui rigolait comme une dingue....

Mon corps commence la transformation de jeune adolescente, les seins paraissent des fleurs au printemps, et le miroir devient mon ennemi....je me rebelle à mon être, mes larmes tremblantes tombèrent sur ma tristesse cachant mes formes de femme.

Je me sentais déjà vieillir................... Les mois, les jours, passèrent encore comme passèrent les pourquoi,.......l'automne libère les odeurs acres de la terre, comme moi je libère ma vie pleine d'amertume.

Je reprends l'école, je suis en CM2. On reprend les promenades pour aller à l'école, pour aller au marché, pour aller à la douche...........

Et l'hiver commence à chatouiller avec ses premiers froid, les premières gouttes de pluie tombèrent sur une fenêtre d'un monde encore inconnu, et la première neige............oh...la neige!........ Elle me fait penser à la fête, à des choses bonnes à manger.................

La neige tombe avec l'intention de couvrir tout

de blanc.............<<Neige égale à hiver, hiver égale à Noel>>.

J'attends Noël avec trépidation, c'est un moment magique, très spécial, pour moi: << cette année je vais avoir une poupée toute pour moi>>.

Il y aura des bonbons, des gâteaux, il y aura la fête, j'adore la fête!!

Dans l'après-midi, la neige continue à tomber, je ne vois plus le grand jardin du grand foyer, les arbres sont nus et blancs.........C'est beau!....Quel spectacle!!!.....Il fait très froid, un bonnet de laine, une écharpe, et des gants pour me réchauffer.

J'adore écouter les cris des enfants, les rires des sœurs, j'écoute des chants de Noël, une musique douce danse entre les branche des arbres blanchis. Je regarde la neige tombé d'un grand grillage, d'un grand balcon, d'un grand jardin, d'un *grand foyer. Tout ça me fait être bien, je suis contente, je me revois petite avec les jambes qui balançaient, quand j'entends une voix que je ne connais pas m'appeler par mon prénom:*

<< Ame....., Ame >>

Je cherche entre les enfants, les sœurs, cette voix ferme qui appelle: Ame.

A dix pas de moi, il y avait une jeune femme blonde, habillée lourdement avec un manteau rouge, avec les mains dans les poches et qui me regardait sévèrement.

Sur son visage il y avait dessiné un sourire, sans aucune expression.

Ma voix pleine de froid demande:

<< bonjour madame, qui êtes- vous? >>.......

Pendant un instante j'ai eu l'impression que la

musique était finie.....

J'entendais le bruit étouffé de la neige qui tombait, j'entendais les battements de mon cœur qui étaient devenus fous, et comme un coup de vent, cette femme me dit:

<<Viens ici, donnes moi un bisou, je suis ta mère>>!.......Comme un robot je m'approche d'elle, je tremble comme une feuille, mais je veux sentir son odeur, je veux toucher son visage, son sourire, sa respiration.

J'ai 9 ans et demi, et je me sentais vieillir!!

Je devrais être contente...., je devrais sauter de joie......, mais ce n'est pas comme ça.

.....Je suis triste..., je suis fatiguée..., je veux partir..., je veux crier.......

Mes pieds sont collés par terre..., mes yeux

sont vitreux....je veux partir...., mais je veux rester.......J'écoute cette femme, qui dit être ma mère, j'entends qu'elle parle,...j'entends qu'elle raconte quelque chose de sa vie....., mais mon corps est parti encore une fois... et... je ne sais pas pour quelle direction. Il arrive le moment de nous saluer, elle me dit qu'elle ne sait pas quand elle reviendra...........

.....Je la regarde partir, mes yeux suivent la silhouette enrobée d'un manteau rouge.....

....et la neige continue de tomber entre les arbres d'un grande jardin.

...Et la musique reprend sa danse!!.....

Dans la soirée, la mère-supérieure me prend par la main, elle cherchait à deviner mes sentiments, elle me regardait sans me dire un mot. On marchait le long du couloir, et, dans le silence, elle cherchait de vague réponse: <<Alors Ame..., tu penses quoi de la visite de ta "maman">>?

La tète baissée, le cœur plein de tristesse je lui réponds:<<je ne sais pas>>!

Finalement je suis toute seule à penser à cette maman, que j'ai toujours espérée avoir, et maintenant je m'aperçois qu'elle est seulement un manteau rouge........

Je m'effondre en larmes......je pleure..., oui je pleure toute la soirée et je m'endors en pleurant......Et la vie continue.......

.....Cui, cui, les oiseaux me réveillent en douceur ce matin, des petites fleurs me disent que c'est le printemps, le soleil tiède réchauffe doucement la fenêtre de la grande chambre, je sais que tout va bien, je suis contente, je pense déjà à mon dixième anniversaire.

L'école bientôt fermera ses portes, et on repartira comme toujours en colonie.......

Un soir je me prépare pour aller au lit: <<bonne nuit les filles, à demain>>

<<Bonne nuit Ame>>

Je crois avoir passé la nuit la plus longue depuis de mes 10 ans, je ne savais pas pourquoi,...je n'était pas malade, j'étais un peu fatiguée mais une sensation de peur de la nuit, je me suis demandé mille fois, quand, le soleil venait faire coucou a la fenêtre de ma chambre.

J' observais la chambre dans la pénombre de la nuit, et....j'avais peur, je me retrouve à prier, mais..... J'avais si peur.....cui, cui.... << oh les oiseaux, ils ont réveillés >>!!!!.........

Je me lève, je refais mon lit, je me lave, et petit à petit les filles allaient se réveiller.

<<Bonjour>>

Je descends au réfectoire, je sens la bonne odeur du chocolat chaud, et du café. Je suis un peu fatigué, mais j'ai faim.

La journée se passe tranquillement, je vais a l'école comme d' habitude, on fait la promenade au milieu du marché, les gens qui crient: << pain, pain frais, poisson frais>> <<Eh, les filles, bientôt se termine l'école>>?

Je vois les gens contents et moi je suis contente, on arrive devant le porton* de l'école "San Giovanni Bosco", les cris des enfants, font du bien à mes oreilles, elles me font rigoler le tètes des enseignants, qui courent derrière nous pour nous attraper. Finie la matinée, finis les devoirs, on joue à la balle, à la corde, et à la marelle, et vers 19h tout le monde va se laver, pour après aller au réfectoire. Dans le réfectoire il y avait je crois plus de cent filles. Imaginez quand toutes ensembles on criait, on rigolait et on se disputait pour aller à telle au telle table. C'était super, il y avait la vie de jeunes filles. Il y avait les tables des filles riches, les tables des filles silencieuse,...et il y avait "ma" table. On l'appelait la table des tète dure!!!!

On s'en moquait, on rigolait comme des dingues des autres, même des bonnes sœurs!

Combien de fois je me suis demandée, si on faisait peur aux autres filles, c'était le pouvoir, l'excitation de savoir qu'une fille puisse avoir peur de nous. C'était trop beau!!!

...Et combien de fois la mère supérieure m'a convoquée dans son bureau pour me dire que j'étais devenue un "garçon manqué

<<Tu ferais mieux de changer pense qu'un jour pas trop loin tu devrais partir d'ici pour aller vivre

avec ta mère>>!

<<Jamais!! Jamais je ne partirai avec ma mère>> Ma voix était devenue agressive et arrogante, je ne voulais entendre parler de ma mère, et à chaque fois j'étais de plus en plus en colère!

Avant d'aller au lit, la mère supérieure nous disait de prier pour laver nos péchés. J'ai pensé souvent à mes péchés, que je ne trouvais pas.

Le soir arrivé, je me prépare pour aller au lit, je met mon pyjama large et long pour ma taille, le drap blanc qui caressait mon visage, et un coussin dur, pour appuyer mes "pourquoi".

<<Bonne nuit les filles>> <<Bonne nuit Ame

On éteint la lumière de la chambre, je ne comprends pas pourquoi l'angoisse s'empare de mon être!

<<Oh non, non, encore cette ombre, non, le noir me fait peur>> <<Quelle heure est-il>>? <<Mon Dieu, aide-moi>>!

.....Cui, cui, le matin arrive avec ses tiédeurs, et j'ai de plus en plus froid. Avec le temps, j'ai appris à reconnaitre tous les petits bruits de la chambre, et du couloir, jamais j'avais aperçu que le ciel hébergeait tant des étoiles, et j'ai mémé essayé de le compter.....Et la lune!!.....quel travail délicat de la nature! Avec sa lumière qui se reflète dans la chambre.

Combien de nuits blanches! Je cherchais à comprendre pourquoi je n'arrivais plus à dormir, pourquoi l'angoisse me prenait quand la nuit arrivait? Pourquoi.... pourquoi! Comme chaque jour, on va, je vais a l'école, on se promène au milieu du marché pour arriver devant le porton* de l'école et voir les enseignants courir après nous les enfants. Comme chaque jour, l'usure de la vie prend une infinie part de moi, sans que je m'aperçoive de la douleur qui chaque nuit est sur mon coussin dur et froid..........

.......et la vie continue.....

Les jours passent, les semaines poursuivent le chemin des saisons.....

..J'ai 10 ans.......j'ai 11 ans........j'ai 12 ans........

....J'ai 12 ans, et je pleure en silence la douleur d'être ici, dans ce grand foyer, avec un grand jardin, avec un grand grillage et, avec beaucoup de filles. << Ame viens, viens ici, j'ai une surprise pour toi, viens vite!

La mère supérieure était contente, me prend par la main et m'amène au "parloir", je m'assois sans comprendre qu'elle soit contente.

<< Maintenant que tu as 12 ans, tu peux sortir du foyer, et...il y a quelqu'un qui t'attend>>

Pourquoi j'avais l'impression que tout mon être allait tomber par terre?

Pourquoi je n'arrivais plus à avaler ma salive?

Toute la peine du monde est tombée sur mes épaules, quand j'ai reconnu la femme au manteau rouge.

<<Non, non, je ne veux pas partir>>

Je pleurais, et je priais la mère supérieure de me garder avec elle,

<<Je ne connais pas cette femme>>

Je tournais autour de la mère supérieure, à la recherche d'aide, je cherchais ses yeux, ses mains, sa sécurité et.......Le lourd porton* du foyer s'est fermé avec un bruit sourd derrière ma vie!

Je me rappellerai toujours le moment où le porton*
a claqué, parce que, ma vie a claqué avec lui.

Mes pensées.........mes pourquoi.........mes
jeux.........mes années.........sont partis en un coup
de vent. Je me sentais lacérée, offensée, dans le
plus profond de mon être, inexplicablement je me
sentais comme pendant les nuits blanches, la peur
qui te mange l'estomac, le regard qui cherche une
aide,......mais il y a seulement la femme au
manteau rouge.

<<Où elle m'amène....? Où je vais.....?
Pourquoi......? Pourquoi....?

Beaucoup de pourquoi me rongeaient dans la
tète. Je ne trouvais pas de réponses..........
.mais...........La vie continue........

......Nous partions pour une nouvelle
destination,........ Je ne suis pas contente!

Mon corps est parti pour un autre voyage, et.....il passera du temps avant qu'il ne revienne........Et la vie continue dans une maison froide, ou même le soleil ne peut pas entrer......mais c'est ma maison!
Dans cette maison tout est triste!

Les matins sont tristes........le salon où asseoir tes mélancolie est triste.........ma chambre où poser maladroitement mon cœur, est triste, et une salle de bain où laver tes hontes, est triste!

Quand j'étais au lit, je pensais au foyer, à mes jeux, il me manquait le rire des filles, il me manquait la mère supérieure....

Où sont-ils?.....

Je ne dormais plus, et je crois que ma mère ne s'en est jamais aperçue. Je ne mangeais plus mais personne ne faisait attention à moi,

Je ne parlais plus, mais tout le monde pensait que j'étais muette au une idiote.

Personne ne s'était aperçu que je commençais petit à petit à mourir.....mais la vie continue.

Souvent je me suis dit que la vie continuait, peut-être pour exorciser mes peurs, mes angoisses, j'étais certaine d'une chose: tout mon être était en train de s'éteindre, j'entendais les autres parler, je voyais les enfants jouer, je voyais les saisons passer, et moi, plus que jamais je devenais un automate. Je respirais parce que j'avais un fardeau à porter, je vivais, parce que la flamme de la vie était toujours allumée.

Dans chaque coin de route, je cherchais un peu d'amour, et combien de fois en silence j'ai pleuré, j'ai prié que tout ça finisse.

J'ai pour frère David, et quand je le regarde il a

la même expression que ma mère, David il ne parle pas avec moi, est distant et froid.

J'ai 12 ans, et lui 13 ans et demi.

Mais la vie continue, avec une mère qui part le matin pour rentrer le soir, et un frère qui ne voulait plus aller à l'école, et dans cette maison, les cris étaient rois, et moi l'idiote de la famille je reprenais mes études. C'était une libération pour moi d'aller à l'école, la voix sortait de ma gorge, j'étais bien, j'avais envie de vivre, de danser, j'étais bien avec mes camarades de classe, finalement je regardais un monde chaque jour diffèrent .

Finies les leçons, j'avais toujours la douleur à l'estomac, je sentais la peur qui montait petit à petit de mes pieds pour arriver jusqu'à mon cœur, qui battait plus fort, mes mains tremblaient, la gorge qui se serrait à ne plus pouvoir parler.

Comme chaque jour, quand je partais de l'école je me retrouvais à prier Dieu pour que ma mère puisse être sereine.

J'avais peur de ses colères absurdes!!!

Combien de fois elle levait les mains sur moi, combien de fois j'ai eu l'humiliation d'être frappée, mordue, prise par les cheveux, et ....pourquoi?

Parce que je ne parlais jamais, parce que je ne me retournais jamais, je laissais, silencieuse, ses mains, ses dents se poser sur moi.

Avec les yeux plein des larmes, combien de fois je me suis dit que la vie continuait.

Les fins de semaines étaient un cauchemar pour moi. A tout ce que je faisais il y avait: << je peux parler? Je peux manger? Je peux m'asseoir, et si quelque chose était de travers, avec les mains je pouvais prendre sa colère, et quand j'avais peur, ma mère en profitait pour me frapper.

Et David qui ne cherchait jamais à arrêter tout ça.
Avec le temps dans ses yeux il y avait même du plaisir!.

Je ne me rappelle pas bien, si j'éprouvais de la colère ou de la peine pour eux. Je savais seulement que je laissais faire.

Je pensais être forte pour supporter tout ça, mais le pire devait encore arriver déguisé en fantôme derrière la porte de ma chambre et au bon moment prendre mon jeune corps.

Ses mains qui effleurent ma peau, mes seins, mon être, et mon corps effrayé, qui ne pouvait pas se défendre, la peur prend ma tète, ma bouche, et la main qui continue le chemin vers un plaisir stérile de jeune loup-garou.

Les nuits se suivent toutes pareilles, ma mère ne suspecte rien....et moi je continue à subir en silence cette torture, j'avais peur de mon frère......j'avais peur de ma mère........j'avais peur de ma maison.......et j'avais peur des mes nuit........

Les semaines passèrent et mon "moi" continuait à mourir.

<<Je dois faire quelque chose>>, je me disais, << je dois parler avec quelqu'un, je n'en peux plus>>!.

A l'école commença la descente des notes, la tristesse envahit mon banc, mes livres devenus toujours plus blancs s'acharnèrent sur mon sort.

Un jour le professeur d'italien nous donna un travail en classe avec pour triste titre "ma famille".

Les pages blanches étaient pleines de phrases et, le stylo décrivait une famille irréelle, une famille superbe, pendant que les larmes effaçaient l'hypocrisie des mes pensée.

J'avais envie de crier, j'avais envie de tout raconter, mais je ne voulais pas blesser, et humilier la femme qui m'avait donné la vie, et, que moi j'appelais "maman".

Je voulais humilier, et je me suis humiliée au plus profond de moi même.

Mais la vie continue......

Tout ça ma donné une petite force en moi, pour avoir le courage de parler une dernière fois avec ma mère.

Je voulais parler avec cette mère dont j'avais tant rêve, je voulais regarder son sourire, qui rarement effleurait son visage, je voulais découvrir

ses pensées les plus profondes pour comprendre....
je voulais prendre ses mains pour sentir sa
chaleur, son amour.......

Mais avec horreur je me suis aperçue quelle
était encore plus en colère que d'habitude, je l'ai
entendue crier qu'elle n'avait pas besoin d'une
idiote comme moi.... Je l'ai entendue crier.......

Encore une fois ses mains, ses dents se
posèrent sur ma peau comme un animal... je ne
sentais plus de douleur physique, mais je sentais
de la douleur universelle, une douleur qui, pour la
première fois ne m'a pas fait pleurer.

J'ai toujours pensé que l'amour d'une mère était
sans condition, que c'était un amour démesuré.
Mais ce n'était pas comme ça.

Je sentais sur moi sa haine, son envie de
m'effacer, de m'écraser, comme on écrase de la

terre. Je pouvais toucher la rage de m'avoir mise au monde,

et après elle ne savait plus quoi faire de moi, comme un chiffon qu'elle jetait chaque fois qu'elle en avait envie.

Je me sentais rien, et j'étais devenue un rien dans le milieu d'un grand chemin.

Mon être voyageait dans un monde qui n'était plus mon monde, voyageait dans une réalité déguisée en fantôme du Louvre et en loup-garou.

Mon ombre suivait inexorablement mes pas fragiles et incertains dans un tunnel de douleur, mes forces tombèrent dans mes mains, sans que je puisse faire quelque chose, mon fardeau gravé sur mes 13 ans, et je pleurais la solitude de cette vie faite de rien, ramassé avec souffrance dans le cœur.

Dans mes yeux il n'y avait plus de larmes pour pleurer.

J'ai pleuré ce Dieu, qui n'était plus mon Dieu, j'ai pleuré pour ne pas avoir pris ma main pleine de douleur et qu'elle saignait comme la couronne d'épine mise sur la tète de son fils........

.....Mais la vie continue......

avec l'usure du temps, mon corps s'habitue à tout ça, en moi, il n'y a plus de souffrance aux impulsions qui font front sur mon corps plus vierge, et ma main cherchait à se débarrassé de la honte d'un acte barbare et à la fois inutile. La continuité, l'habitude font de moi, une adolescente fragile, peureuse, et incertaine, jusqu'au jour où ma gorge a pu crier

<< Ça suffit, stop!>>.........

..........Et la vie continue........

Dans un autre jour dans un autre chemin......

.........Un rideau obscur s'arrêtait sur mes 13 ans.........

..........................et la vie continue...........................

Tribunaux, assistante sociale, juge des mineurs.....................décision finale.....................

Je pars pour Firenze, décision du Tribunal, ma mère elle, n'a plus le droit de m'approcher jusqu'à a mes 18 ans.

..........................Et la vie continue.....................J'ouvre les volets sur un jardin à moi encore inconnu, l'air frais du printemps, caresse doucement mon visage, les fleurs, les arbres, le ciel....., je suis bien finalement je suis bien.....................

J'ai fait la connaissance d'autres filles pareilles à moi, elles sont ici pour oublier un chapitre de vie lourdement greffé dans leurs mémoires.

Nous vivions toutes ensembles, on est dix filles plus quatre assistantes sociales, elles cohabitent avec nous pour nous soutenir moralement.

Il y a Cinzia, elle a 15 ans, est rigolote, c'est le clown du pensionnat. Elle aime beaucoup la musique. Elle nous dit:<< la musique c'est ma vie, elle m'aide à supporter les injustices de cette vie. Elle se réveille en musique, elle mange avec la musique, se douche avec la musique. Dans sa chambre il y a toutes sortes de musique.

Il y a Patrizia, 16 ans et demi, est sympathique, mais à la fois très spéciale, elle change souvent de personnalité. Elle nous dit de comprendre ses colères, ses parents l'ont toujours considérée comme un rien. Et elle nous considérait comme des riens.

Il y avait Vera, une fille que personne n'a jamais comprise. Elle ne parlait pas beaucoup, ne rigolait pas, à 18 ans elle s'habillait en noir, elle était bizarre. Vera travaillait, Vera faisait beaucoup de choses, mais nous on ne savait jamais lesquelles. Vera était porté sur la boisson, elle buvait parce que ses parents buvaient. Elle mentait tout le temps on l'aimait pas, et Vera, le savait.

Il y avait Antonella, Assunta et, Giuliana, maigre comme une feuille, sa maigreur était impressionnante. Elle avançait comme un fantôme dans le grand pensionnat. On l'a entendue souvent parler des chevaliers, des monstres. Giuliana n'aimait personne, était toujours enragée. Elle en voulait à ses parents, elle en voulait au juge, elle en voulait à tout le monde.

Elle disait qu'elle était née libre, elle était très dure avec les autres, mais surtout avec elle même.

Elle parlait de la mort comme on parlait de bonbons. (Je reviendrai sur le chapitre). Et il y a Ame, (moi) jeune fille de presque 13 ans je cherche la tranquillité. J'aime la musique, j'aime écouter les autres, j'aime mon petit boulot, j'aime étudier, j'aime ma chambre qui est tapissée de posters, est pleine de livres, en ce moment je suis portée sur la culture amérindienne, (ce qui plus tard deviendra ma passion) je pense à ce peuple dont l'identité a été volée.

C'était beau le matin quand tout le monde se réveillait, quand le premier sourire te disait: << bonjour>>, c'était beau quand on prenait le bus pour aller au travail, pour aller à l'école, et c'était beau cette routine.

Je me suis dit souvent que finalement je

commençais à vivre.

J'ai commencé à passer mes nuits sereines, j'ai envie de vivre, de rigoler, j'ai envie de beaucoup de chose, et j'ai envie de grandir...............

.......Et la vie continue paisible, je reprends mes études, j'ai un petit boulot pour payer mes livres, et....les sortie. Chaque jour qui passe c'est un bonheur d'ouvrir les volets sur la vie, sentir les odeurs des fleurs, regarder le soleil chaud qui jusqu'à maintenant était si froid. J'aime écouter le silence des saisons qui s'ouvrent à moi...............

<< Eh, Ame, descend de là>>!

<<J'arrive>>!

Je descends les escaliers deux à deux.

<< Qu'est-ce qu'il y a?>>>? C'est Nilde, la directrice du pensionnat. Elle m'appelle pour me

demander si j'avais bien dormi et aussi pour me
dire qu'il y avait un changement pour mes études
de français, et psychologie. Un peu en colére je dis
à Nilde: << tu sais Nilde, que je n'aime pas les
changements je suis bien avec Valeria>>

Avec la tète repliée sur ma poitrine je râlais à l'
infini, j'étais une grande râleuse, et je crois que je
râlais parce que je voulais voir la réaction des
autres. Nilde m'écoutait râler, elle s'amusait
beaucoup et me disait que j'étais une casserole d'
haricots en ébullition. Elle attendait le moment où
j'aurais fini mon cinéma. Avec douceur elle me dit
que mon professeur allait être Rosaria, qu'elle était
transféré à Florence, étai mariée à Salvatore et
qu'elle habiterait avec nous.

J'avais un sentiment étrange quand je devais
connaitre, quelqu'un de sexe féminin, presque un
sentiment de refus.

La première approche avec Rosaria ne s'était pas bien passée, je la trouvais trop grande et, trop sure d'elle. Je cherchais à l'éloigner de moi en me faisant toute petite. Au plus profond de moi, je savais qu'elle voulait quelque chose.

C'était Rosaria qui le matin, m'amenait au travail, c'était Rosaria qui, l'après-midi me faisait étudier, et c'était Rosaria qui voyait que dans mes sourires je cachais de la tristesse.

Jour après jour je ressentais que Rosaria voulait que je puisse ouvrir le rideau que difficilement j'avais refermé. Rosaria voulait que j'explose comme une tempête, voulait que je crie ma colère, cachée dans mon ventre........

..................Et comme ça, je m'attachais à elle, comme le lierre s'attache sur le mur. J'avais besoin d'elle, mais j'avais peur qu'elle me trahisse, qu'elle me fasse du mal.

Le soir, dans mon lit, je pensais à elle comme on pense à une mère, j'avais un besoin incroyable qu'elle me prenne dans ses bras, qu'elle essuie ma tristesse. Il était passé beaucoup de temps sans penser à ma mère. De temps en temps, m'effleurait l'envie de me faire adopter par Rosaria et Salvatore. Je pensais à eux comme à mes parents.

Je l'aimais beaucoup!!

Et cet amour me faisait vraiment mal!!

Cet amour que j'avais cherché quelques années auparavant, sur mon coussin dur et froid.

..........Et la vie continue avec des décisions importantes que je suis en train de prendre vis-à-vis de Rosaria et Salvatore.

Avec la peur dans le cœur je décide de leur parler. Dans ma tète beaucoup de mot à pouvoir dire:

<< Je promets que je ne râlerai plus....., je promets d'étudier, ...je promets.........

<<Mon Dieu, j'ai le cœur qui bat comme un fou........, et s'ils ne veulent pas de moi>>?...........

J'arrive devant la porte de la maison de Rosaria et Salvatore, je tremble, mais je suis devant la sonnette, et je sonne.

Je me mets en retrait comme pour me cacher, quand j'entends la voix de Rosaria qui dit: << j'arrive>>!

La porte marron s'ouvre:: << salut, Ame, entre, ...tu vas bien>>?

J'étais assise à coté d'elle, on parlait de tout et de rien, on boit un bon café napolitain, et j'allume une cigarette, peut-être pour me donner du courage. Je demande si Salvatore est à la maison: non, Salvatore il travaille et aujourd'hui jusqu'à tard.

Le silence tombe sur nos tètes, et je ne donne pas le temps à Rosaria de pouvoir parler d'autre chose: << adopte-moi>>, avec les larmes aux yeux, Rosaria me répond: << approche>>.

Je rêvais ce moment, elle m'a pris dans se bras, je me sentais la plus importante. Je voulais sentir son cœur battre, je voulais toucher sa main, je voulais prendre son amour......

Encore émue, Rosaria me répond: << tu as presque 13 ans et demi, pour la loi on ne peut pas t'adopter, mais dans mon cœur, notre cœur, tu es notre fille on t'aime comme telle>>, Rosaria continue de parler en me disant qu'elle suivra mes pas tout au long de ma vie...........

.....et la vie continue ....

Comme les jours, les années continuent à danser sur la vague de cette incroyable aventure. A tout le monde je parlais de Rosaria, de Salvatore, je parlais à mes copines du travail et d'étude, je racontais aux fleurs, aux arbres, que finalement quelqu'un m'aimait.

Finalement j'avais un papa, une maman!

La tendresse de Rosaria me faisait oublier la douleur vécue, me faisait oublier que j'étais un enfant battue.

Je me retrouvais à parler à mes posters, à mes indiens de la vie, ce qui après tout, n'est pas si mal que ça.

Avec Rosaria je commençais à parler de mon passé encore douloureux, elle me disait: <<ça va te faire du bien, de parler de ton passé, si tu vois que c' est difficile d'en parler, pourquoi tu ne mets pas ton passé par écrit, ça te fera du bien>>.

Rosaria voulait comprendre pourquoi ma mère, mon frère se sont acharnés comme ça envers moi. On se posait des questions, mais à chaque fois il n'y avait pas de réponses. On avait pris l'habitude de tout se dire, même la plus petite des choses.

Rosaria me disait que pour être de bons parents et de bons enfants, on devait chercher à se comprendre, à savoir essuyer la plus petite tristesse, on devait savoir écouter le silence de l'autre, apprendre à marcher à coté d'une ombre fragile, qui à tout moment pouvait, comme un ouragan exploser sans préavis.

Elle me racontait beaucoup d'histoires, elle m'apprenait à rigoler, m'apprenait à jouer avec mon destin, qui jusqu'à maintenant n'était pas mon destin. Souvent, le soir on jouait aux cartes, quand Salvatore arrivait plus tôt du travail.

Rosaria me parlait de Naples, sa ville, me parlait de sa vie, de sa sœur Ida, me disait qu'un jour Salvatore et elle, repartiraient à Naples, et que moi j'aurais fait partie de leurs vie, de leur maison.

J'avais appris à aimer la vie.
J'aimais devenir grande......................

Et la vie continue.................

.....et commençaient les premières curiosités de jeune adolescente, mon corps vibrait sur les cordes de guitare, aux manifestations de "Peace and love". Je me sentais libre. Il n'y avait plus de place pour mes pourquoi et, avec le recul, c'était une parenthèse qui s'était ouverte et refermée aussitôt dans un coin.

Le poids de mes années restait gravé inconsciemment dans mon adolescence, et le premier "joint" fumé sur les douces notes de "Dark side of the Moon".......et .....

..........et la vie continue déguisée encore une fois de faux chevaliers et de faux sentiments. La rébellion de mon âge prend la silhouette grande et maigre de Giuliana. Giuliana et moi, on était toujours ensemble, on n'avait presque rien en commun.

Giuliana avait 13 ans, elle n'aimait personne, elle écoutait de la musique, parce que quelqu'un composait de la musique, elle mangeait parce que tout le monde mangeait, elle vivait, parce que, dans un coin il y avait quelqu'un qui l'avait mise au monde.

Giuliana était la rébellion en personne, chaque jour habillée de rage, elle mangeait la rage. On n'avait rien qui nous puisse unir, mais, j'étais fascinée par sa force, j'étais fascinée par ses chevaliers, des ses monstres, et surtout par son monde imaginaire.

Plus le temps passait et plus nous avions fait fusionner nos pensées, nos bagages.

On pesait notre colère sur une balance de pourquoi.

Je me souviens, que nous avions fantasmées ensemble de batailles inconnues avec des personnages inconnus, mais la réalité nous réveillait brusquement dans une chambre du pensionnat.

Encore une fois je me retrouvais en conflit avec les autres, mais surtout avec Rosaria. Rosaria qui était un être merveilleux, elle guidait mes pas en m'offrant de l'amour sans rien me demander en échange.
Elle m'aidait à faire face à ma soif de connaissance, m'aidait à comprendre la valeur des gestes

insensés, j'aimais Rosaria, j'aimais sa force, sa

capacité intuitive à lire dans mes pensées.

Mais....j'aimais aussi Giuliana, qui était la

réincarnation de la haine.

Elle et sa rébellion faisaient un unique mélange.

Avec la fantaisie, elle partait à la conquête des

mondes imaginaires, ou le commandant c'était elle,

c'était elle qui prenait la décision, et, c'était elle qui

dirigeait aussi ma vie, et moi, ...je la suivais sans

faire de bruit, lorsque

on débarquait dans des mondes pleins de

monstres, des créatures irréelles. On avait pris

l'habitude de fumer des 'joint", quand nos

mémoires touchaient inexorablement nos pourquoi.

Pourquoi à nous....pourquoi à moi....

Avec l'esprit on repartait dans un "flash back"

déjà vécu, déjà souffert, où on reprenait des

bagages encore trop sales. On voulait se venger de la vie, qui nous avait fait le pire des cadeaux.

Nous avions décidé de nous enfuir, on avait pris la décision de partir un jour, à la conquête d'un monde irréel.

Giuliana parlait d'une ville appelée Perugia, au on pouvait aller sans problème, et où il y aurait eu des amies pour nous accueillir.

...........Je pensais à Rosaria, à Salvatore.................

Mais........je pensais à ma vie, en pleine construction,...............

Quelque temps passa jusqu'au jour, où on avait tout préparé pour le lendemain, on avait tout organisé....................

Le jour "j" on se réveille tranquillement, on

déjeune avec les filles et les assistantes et pendant un instant, mon regard s'était tourné vers Rosaria, ...J'aimais Rosaria, mais........................

........et la vie continue au bord d' une route, on faisait du stop.

Un camion s'arrête, nous demande:

<<Où allez-vous les filles>>?

C'était la première fois que je faisais du stop, c'était excitant de pouvoir gérer comme des grande personne sa propre vie, ses propres décisions.....J'étais tranquille parce que Giuliana était à coté de moi.

On était parties pour une grande aventure. Le camionneur nous descend à mi-chemin, et il nous dit: <<Faites attention les filles, vous êtes encore jeunes>>. Il faisait très froid, l'hiver était déjà à la porte d'entrée.

Pour la première fois, ma tête était sans pensées, j'avais l'impression d'être vidée de tous mes organes et que j'étais habillée d' une nouvelle garde-robe.

On marchait dans le froid de fin Octobre, en faisant encore du stop, quand une voiture s'arrête à coté de nous.

Un jeune garçon nous fait monter, on parle de tout et de rien, on rigole, et on écoute la radio, au cas où, ils nous chercheraient...........

Je ressentais la force de Giuliana comme une protection, j'étais avec elle et je n'avais plus froid.
J'avais la liberté, on avait la liberté.
J'ai essayé de me souvenir de quelque chose, mais mon cerveau refoulait tout dans un trou noir.
Le froid me rongeait les pieds, et la faim me mangeait le ventre.

On avait mis de coté un peu d'argent pour faire face à nos besoins.

On s'était habillées avec deux tricots, trois paires de chaussettes, un blouson, un bonnet et une écharpe.

Perugia,....................

Perugia, jolie ville, une grande place avec une fontaine, une église avec beaucoup de gradins, où tous les jeunes vont s'assoir les après-midis. Il y avait des petites ruelles,où se croisent des cotes et des descentes, où il y avait des petits bistrots où on entendait de la musique, nous étions contentes, et moi j'étais contente.

Première nuit en dehors du foyer. J'avais toujours eu peur de la nuit et sans rien dire à Giuliana je suivais ses pas, sans me retourner en arrière. Le ciel de Perugia était blanc, on sentait l'odeur de la neige.

Oh la neige!!..................

La neige allait tomber quelques jours plus tard.

Giuliana retrouve le petit bistrot où on avait rendez-vous avec ses amies.

Il y a de la musique, de la fumée partout.

Je vois Giuliana sourire, marcher un peu plus vite, et, saluer des jeunes.

Je vois Giuliana pour la première fois détendue, tranquille, son visage s'était transformé, elle avait un jolie sourire qui dessinait sa petite bouche. Giuliana me présente à ses amies, j'avais l'impression de déjà les connaitre, elle m'avait parlé d'eux quelques temps avant. J'avais reconnu Vito, parce qu'il était le seul à avoir une barbe. Alessandra avec ses cheveux colorés, Rosy habillés en cuir noir. Giuliana me présente en dernier Strychnine et Prison.

Quand on entend des prénoms comme ça, on aurait envie de partir de s'enfuir, mais....je suis restée parce que j'étais vraiment bien, et je n'avais pas peur.

En peu de temps, j'étais devenue un chevalier, un chef indien, que menait ses "braves" à la conquête de vérité cachée sur des terres semées par de faux espoirs.............

.............Et la vie continue, sur les gradins d'une église, le regard perdu en direction d'une grande fontaine, grande comme la misère que je porte encore une fois sur mon tricot.

Avec l'inconscience, je me laisse conduire dans un tunnel sans retour. Je me revois encore dans le centre d' une salle, danser, des heures et des heures, sous l'effet d'excitants, je me revois rigoler et parler, à je ne sais pas quelle personne.

Je vois Giuliana chaque fois plus loin, chaque fois plus distante, je ne me suis pas rendu compte qu'on était en train de se faucher l'âme.......

.....Et comme ça, le jour on se retrouvait à mendier des rêves éphémères, à bruler sur du papier mâché, et, que chaque jour, on se nourrissait toujours plus.

On avait pris l'habitude de partir dans des voyages virtuels et à chaque voyage on changeait le rôle.

Aujourd'hui j'étais le monstre, et demain j'étais le brave.

Jour après jour, le combat pour la survie était devenu un pari avec nous mêmes, on brulait nos respirations, nos forces à chaque fois qu'on allumait, un pétard, deux pétard, amphétamines, encore et encore des pétards.

On marchait sur des nuages de fumée aigre, nos corps devenus chaque jour plus fragiles, et que le vent de l'hiver emportait dans un autre monde.

Nos pas fébriles, nos bouches n'arrivent plus à

alimenter nos estomacs.........et,.......on

continue comme ça, sans réussir à remonter a la

surface.................

....................Et................je vois Giuliana

toujours plus petite et toujours plus loin.

Il fait froid, je n'ai pas de vêtements chauds, je

n'ai pas à manger, je dors au-dessous d'un pont, je

me lave dans une fontaine et je fais la manche. Je

suis une asociale, je ne suis plus moi. Je me

retrouve un tube d'aspirine à la main. J'ai

faim............., j'ai 14 ans,...........j'ai

froid.............Un....deux...trois....quatre..............

....

<<la tète me tourne, maintenant je n'ai

plus.............. froid,.....................mais....j'ai envie.....de vomir.....................

Je n'ai plus faim...............je veux vomir.......................>>

Je vomis au milieu d'une petite ruelle, les gens qui me regardent disent:<< c'est une droguée>>!!!!!!!

Deux mois après ma fugue de Firenze, j'étais devenue une droguée!!

Voilà! Les gents disent: droguée, vaurienne!!!

C'était vrai, pour la deuxième fois j'étais un rien au milieu d'un chemin sans issue.
Je parcours les pentes et les descentes de Perugia, à la recherche de Giuliana: << Giuliana est ma copine, elle m'aidera en ce moment de solitude>>.
Je la vois, assise par terre ses cheveux collants, mais toujours jolie, ils étaient mouille de sueur.

Elle transpirait comme on transpire en pleine été.............mais on était au début de janvier.

<<Giuliana, Giuliana, qu'as tu fais>>

Son regard vitreux, son corps tremblant, et avec une voix spectrale me dit: <<Ma tète, ma tète>>.

Pour la première fois, Giuliana c'était "piquée" à l'héroïne!!!

Je savais ce que c'était, mais je ne savais pas que ça pouvait t'anéantir comme ça. Après son "trip" Giuliana me disait que le voyage qu'elle avait commencé était beau, et qu'elle était bien. Elle avait enfin retrouvé ses monstres, ses guerriers, elle vivait avec eux. Giuliana me disait, que moi aussi je devrais essayer d'entrer dans un monde que j'avais toujours recherché. Je refoulais cette idée de toutes mes forces, je voulais vivre mes

voyages en dansant, des heures et des heures,
sans m'occuper des autres.............

Mais ......inexorablement, la vie
continue.................

Chaque jour qui passait je trouvais dans le fond
d'une bouteille, la vie en petits morceaux, comme
des pièces d'un grand puzzle, et que je ne pourrais
plus le reconstruire.

Les voyages devenaient de plus en plus
rapprochés à chaque fois, je n'étais plus en état de
marcher, je ne savais même plus ce que voulait
dire manger, boire, mon corps squelettique
n'acceptait plus rien, et mes règles s'arrêtèrent.
Jour après jour je m'habillais de mensonges, pour
me dénuder de vérités cachées et je me sentais
toujours plus seule dans un monde trop grand pour

moi. J'avais collé à ma peau la déception des batailles perdues et fumés comme un rouleau de papier peinte, décollé de l'usure d'une vie. Giuliana je ne la vois plus.

Je me trainais dans les petites ruelles de Perugia, que, quelques mois auparavant j'avais trouvées jolies,et que maintenant, je vois pleines de monstres qui me suivent tout au long de la journée..........j'étais terrifiée!!!!!

.............Et un jour la peur m'arrête dans un WC public, je soulève la manche de mon tricot, je cherche la route pour effacer ma vie, pour anéantir mes mensonges, la main tremblante accompagne la dame blanche dans le dernier voyage de désespoir...
....
....

!! <<Oh non!.... Oh non!>>.....................

Je ne sais pas combien de jours sont

passés!...........

Je ne sais pas quelle heure il est!!!

....Et je ne sais pas où je suis.

Giuliana est à coté de moi, elle me dit qu'elle m'a "ramassée «dans le WC public, que j'avais le regard perdu dans le vide. Elle me dit aussi que ça faisait deux jours que je dormais et qu'elle avait peur pour moi.

Je me sentais très faible, la tète lourde mais vide, mes vêtements sentaient la mort. Ça faisait des mois que Giuliana et moi on n'avait plus parlé comme ça. Elle me disait: << C est pas ça la vie que je voulais, ce n'est pas ça du tout, mais maintenant que je suis dedans j'y reste>>.

<< Tu veux faire quoi>>?

<< Je ne sais pas, je veux attendre.....peut-être.......que tout ça, ça passera>>

C'était la première fois que je voyais Giuliana pleurer. Elle pleurait comme une enfant.............je pleurais avec elle......, et je pleurais comme une enfant...........

Je m'étais promis a moi-même de ne plus me "piquer"!!

J'aimais beaucoup Giuliana, et je me retrouvais à la réconforter, moi, qui avais toujours cherché quelqu'un pour me bercer..........

....Mais la vie continue à vêtir des mensonges, une réalité bue à petites gorgées, et le désespoir enfermait dans une enveloppe tamponnée à l'adresse de quelqu'un que j'aimais encore, s'était glissée dans une poche de mon pantalon.

La solitude pénètre dans le peu qui reste de

*moi.........je suis fatiguée, et.........toujours plus
seule.*

*Je me revois encore petite, compter les étoiles,
aimer la douceur de la lune, je me vois jouer a la
marelle, et, je me revois avec les jambes dans un
grillage, d'un grand balcon, d'un grand jardin d'un
grand foyer.*

*Je suis un chemin tracé par mes mains, et
comme une âme perdue je cherche dans mes
hallucinations Rosaria.*

*<<je ne sais plus où j'en suis..........., je ne sais
plus où je vais>>........*

*Je continue à marcher sans savoir où mes
souliers s'arrêteront, et s'ils, s'arrêteront. Le vent
froid gifle doucement mon visage en me ramenant
à la réalité, à cette réalité que je fuis depuis le
mois d'octobre. Perugia est déserte, j'écoute le*

silence de la nuit, les lumières sont éteintes, les

maisons sont fermées, et tout le monde dort.

Je cherche un coin pour reposer mon corps fatigué,

mais je suis surprise par de fortes lumières, je ne

peux plus marcher, je suis bloquée par quelque

chose que je ne connais et que je ne vois pas.

<< arrête-toi, on est de la police>>!

<< merde, la police>>!.....

Trois policiers descendent de la voiture

<< comment tu t'appelles, quel âge as-tu, tu

sais quelle heure il est,>>

Une marée de questions affole mon cerveau.

Sans rien comprendre je suis collée à un mur et

tout d'un coup je dis:

<<J'ai 17 ans, je m'appelle Sandra, et je suis

en vacances chez mes cousines. J'avais tellement

peur que j'ai menti sur tout, j'avais pris l'identité de ma cousine, qui vivait tranquille chez ses parents au nord de l'Italie. J'étais sure de n'avoir rien fait de mal, mais en certaines situations, le doute s'installe dans le ventre, dans la tète, tu penses à beaucoup de choses, cherche à revenir en arrière avec tes jours et tu cherches la faute partout.

<< Pourquoi vous m'arrêtez? J'ai rien fait!>>

Un des trois policiers, je crois le plus âgé me regarde de la tète aux pieds et il me dit: << tu sais quelle heure il est?.....Il est deux heures du matin, et tu fais quoi encore à la rue comme ça? >>

Je reprends un peu de mon courage et je lui réponds:<< oui, oui,..... je sait quelle heures il est, mais.... je sors de boite, et.....et maintenant je rentre.....je rentre à la maison!>>

<< Où tu habites? et dans quelle boite tu es allée?>>

Les questions commencèrent à devenir plus sérieuse et moi j'avais l'impression que mes jambes étaient devenues deux flans, j'avais peur, j'avais peur..............

<< La maison de mes......... cousines est .....derrière cette route.......>>

Le policier continue de me questionner, et il me demande si je connais Stricnina et Alessandra, sûre de moi je lui réponds:

<<Je ne connais personne ici, je suis en vacances et bientôt je repartirais,

chez mes parents>>.

Pendant un instant j'ai eu l'impression que le policier lisait dans le plus profond de ma tristesse, de ma solitude, parce que sa voix avait changé de ton, elle était plus humain. Je cherchais à éviter son regard, que je ressentais sur moi, je vois les autres policiers parler à la radio et, l'autre je crois qu'il écrivait quelque chose. Une portière se referme, le moteur assourdissant de la voiture me fait comprendre que tout est fini, que je peux repartir tranquille, mais le policier le plus âge, avant de me laisser partir me dit << je crois que tu nous as un peu menti, tu es très jeune, si tu peux pars d'ici, tu as encore le temps de changer. Quand tu seras plus grande, si tu arrives à être grande, tu pourras regretter cette soirée.!

Ils m'ont laissée partir!!.................

Je regarde la voiture partir, pendant qu'une forte chaleur envahit mon corps, j'ai chaud.........mais il fait moins deux degrés.

Le vent froid a recommencé à gifler doucement

mon visage, et pendent un moment je reprends ma respiration, au fond de mon ventre, je tremblais comme une feuille....Était-ce le froid? Était-ce la peur?........

J'hésitais a reprendre mon chemin, je pensais au policier et à la façon dont il m'avait parlé. Je me suis retrouvée à parler avec moi-même, je me demandais s'il était temps de remettre les choses à leur place.

<<qu'est-ce que je veux faire? je veux quoi de ma vie?>>

J'avais vécu des mois dans le mensonge, tellement que maintenant je ne savais même plus si mes pensées étaient mes pensées.

J'avais mal, j'étais mal, ma tète était si lourde que j'ai cru avoir des hallucinations, les mots du policier me poursuivaient comme une ombre.

Je me réveille de mon mélange dévastateur en sursaut, je dormais derrière un porton*.

Première lueur du matin, le froid est insupportable, tout mon squelette est gelé, je frotte mes jambes à la recherche d'un peu de chaleur, mes gants sont usés, et devenus tellement fins, qu'on y voit à travers.

Je vais vers une fontaine pour laver ma nuit collée à la peau, et dans l'eau j'ai eu l'impression de voir le visage du policier, je me retourne avec un mouvement incontrôlée.

<<Stop, ça suffit!!>>

<<je me sens mal!!!!........... J'ai peur........je veux arrêter tout ça>>!

Beaucoup de pensées traversaient mon esprit, j'avais beaucoup de questions, << où je vais, où je vais, qu'est-ce que je veux faire, et Giuliana,.... je ne peu pas laisser Giuliana toute seule, je l'amènerais avec moi, loin d'ici.

je me dirige vers les gradins de l'église, je regarde les gens passer, je cherche en chaque visage, quelqu'un de familier, je cherche des réponses:<je n'ai plus envie de continuer comme ça, je suis fatiguée, Rosaria, où es-tu?>>

<< Rosaria!>>

Je me retrouve à penser à Rosaria et à la peine que je lui ai causée Des larmes descendent de mes yeux, et dans la poche de mon pantalon je cherche un numéro que j'avais toujours avec moi.

<<C'est le numéro de Rosaria, je veux l'appeler>>!

Je fais un peu la manche pour pouvoir l'appeler Rosaria. A un passant je demande une cigarette.

Je me dirige vers la cabine téléphonique, je sors

de ma poche le papier avec le numéro, et je continue à fumer cette cigarette comme si elle pouvait me donner le courage que je n'avais plus. Je compose le numéro et de l'autre coté du téléphone une voix familière répond: <<Allo, allo! qui est à l'appareil?>>............Une brève pause, qui rassemble à une éternité, et encore la voix familière:<< allo! allo!>>.......

Le clic du combiné me fait comprendre un tas de choses, Rosaria m'avait oubliée, Salvatore aussi!!

Je sors de la cabine en courant, pendant un instant je me suis dit que j'avais tout perdu. L'amour, l'amitié, la douceur et la chaleur de Rosaria et Salvatore. J'avais perdu ce que j'aimais le plus!!

Je cherche une ultime illusion dans le coin des petites ruelles je cherche quelqu'un, qui, ce soir ne viendra pas!! pourquoi!

Je reviens vers la cabine téléphonique, je recompose le numéro, et la même voix familière répond: << allo!, allo!>>

avec la voix tremblante je dis: <<c'est....c'est moi,....Ame, je....je .....veux revenir à ......la .....maison>>

<<bonjour, Ame, où es-tu>>?

<< Rosaria, c'est moi......Ame, je veux revenir à la ....maison>>!

De l'autre coté du téléphone le silence était devenu lourd, ce silence qui me faisait peur.

Rosaria parle de nouveau, j'avais jamais entendu Rosaria avec une voix si dure, si sévère: <<je suis contente de ta décision, si tu es convaincue sans réfléchir, prend le premier train,

sinon, tu peux rester où tu es>>!

Je l'écoute sans dire un mot, mes yeux plein de larmes, disaient tout sur mon état.
A la fin de l'appel elle me dit quelque chose qui allait basculer le cours de mes jours. La voix était redevenue douce, comme moi je me rappelais, elle me dit: << On ne juge pas un homme sur la façon dont il tombe, mais on le juge sur la façon dont il se relève>>......<< Allez Ame, fais vite, je t'attends, on t'attend>>.

Je raccroche le combiné, et ma tête se pose sur l'appareil, je suis fatiguée!

Depuis quelques mois je n'étais plus la petite fille qui voulait grandir, qui parlait aux fleurs, aux arbres, qui écoutait le silence.
J'ai ressenti un amour violent, et je n'étais pas malade. Oui, si on pouvait comparer l'amour à une maladie, alors moi j'étais à l'agonie, pour ne pas

avoir pris tout cet amour que Rosaria me donnait, et pour avoir jeté sur les gradins d'une église, mes rêves comme du papier au vent.

Oh, mes rêves.......! je ne savais même plus ce qu'était un rêve! Je savais ce que j'étais devenue......

..........Et la vie continue........

........et la vie continue, sur le banc froid d'une gare. Je prends le train qui me ramène à la vie, à cette vie que j'ai cherché dans le coin de n'importe quelle ville!.

J'étais impatiente de revoir Rosaria, mais j'avais un peu peur de ce qu'elle pouvait me dire. Je me demandais: <<je lui dis quoi? peut-être elle sait déjà>>!!

Je cherchais des excuses à mon comportement, je cherchais des excuses à lui dire, à lui raconter........

Depuis combien de mois je n'avais pas vu Rosaria? Salvatore, le pensionnat, les assistantes les filles, Giuliana.....................

<<Mon Dieu, Giuliana>>!!!...... Giuliana, je me lève d'où j'étais assise............mais le train...............

Le train parcourrait le chemin ferré d'une vie sans Giuliana.

Je vois Giuliana vraiment loin, mais cette fois encore plus loin.

<< mon Dieu, Giuliana,....excuse-moi, excuse-moi>>!

J'ai pleuré toutes les larmes qui me restaient dans le corps, je ne comprenais pas, j'avais oublié Giuliana, comment j'avais fait pour l'oublier.<<je reviendrais, et je te ramènerais loin d'ici>>.

Je me suis sentie coupable, égoïste, (par la suite, j'ai entrepris un travail psychologique, avec des personnes vraiment superbes)..................

mais la vie continue....................

Le train traverse un monde que j'avais presque oublié, je me rappelle avoir aimé le vent intense des forets, et les odeurs de la nature.

Je reconnais l'air doux de Firenze, je vois la ville toute entière, il fait froid, mais le ciel est serein, je vois les maisons, les églises, les jardins, et j'ai l'impression que Firenze a changé ses couleurs.
De loin je vois la gare, et les bruits se font de plus en plus forts, je suis contente mais je tremble un peu.

J'aperçois dans la foule le visage tiré et anxieux de Rosaria, et tout de suite je sens la honte qui traverse mon corps tout entier.

Le train finalement s'arrête avec un bruit sourd et sec, les gens qui se pressent pour descendre, je les entends se saluer, je le vois sourire et s'embrasser, et je sens mes jambes qui ne veulent plus bouger.

Le cœur qui bat très fort, et la peine qui envahit mon être.

Rosaria et moi on se retrouve face à face, je baisse mon regard. Seul le silence nous sépare!

Je me rappelle quand je voulais toucher sa main, quand je voulais sentir son cœur et que maintenant il y avait le silence pour séparer tout ça.

Finalement son amour serrait mon corps, et je me sentais encore une fois la plus importante. J'aimais Rosaria et cet amour me faisait vraiment mal.

Nous sortions de la gare, qui devenait de plus en plus bruyante, nous nous arrêtions dans un petit bistrot pour boire un café. Le silence parlait pour

nous, et, répondait pour nous.

Mes mains tremblaient, et tout mon corps

tremblait, j'allume une cigarette, ...deux

cigarettes, et un mal-être se collait à ma peau, je

me grattais partout. << Je dois sortir....., s'il te

plait, ...Rosaria , on s'en va?>>

Rosaria prend ma main et me dit: <<je suis là,

eh, Ame je suis avec toi, ne dis rien si t'as pas

envie, quand sera venu le moment, je serait à coté

de toi>>. Je ne me sentais plus sure dans un

monde pas sure.

Rosaria continuait à parler et pour la première fois

je ne l'écoutais pas, mes pensées étaient pour

Giuliana, qui maintenant était toute seule. Je

trouvais étrange que Rosaria ne dise pas un mot

au sujet de Giuliana................

On se dirige vers la voiture, et avec surprise, je

vois qu'à l'intérieur il y avait Nilde, la directrice du pensionnat, elle m'embrasse en me disant que demain est un autre jour.

Nous traversions Firenze, et des beaux souvenirs défilèrent devant mes yeux. Enfin je reconnais le grand jardin du pensionnat, de loin je vois les lumières allumées. Je revois la maison de Rosaria où il y avait toutes mes espérances, mes rêves...........

Quel souvenir.......! Je ne peux pas revenir en arrière?............pourquoi?

Je descends de la voiture, et Nilde me dit: << à toi l'honneur d'entrer en première, tout le monde attend ton retour.

Je me sens comme la première fois où je suis venue, j'avais alors 13 ans et que maintenant j'avais 15 ans et avec des bagages en plus. Je revois Cinzia, Valeria, Vera et les autres, avec d'énormes sourires, les filles frappèrent des mains de joie, et moi je me sens comme si le temps s'était arrête sur un petit déjeuner, pris en me tournant vers Rosaria. Je ne savais pas quelle heure il était, mais je crois qu'il était tard, parce qu'une par une les filles son montées en disant <<bonne nuit>>.

Je me retrouve seule avec Nilde, qui cherche à me faire parler un peu:

<<tu sais, avant d'aller au lit, ça fait du bien de parler avec quelqu'un qu'on aime. Nilde me questionne sur Giuliana, où elle était, qu'est-ce qu'elle pouvait faire.
Mais Nilde comprenait aussi mes silences.
J'étais mal, j'avais besoin de repartir loin, il me manquait Giuliana, et l'air insolant de Perugia,il me manquait mes rêves éphémères...........

Nilde me dit que le lendemain je devrais aller

chez le médecin pour soigner ma carence
alimentaire. (je crois qu'à 15 ans je pesait 34kg)

   Mon corps avait des mouvements incontrôlés. je
dis à Nilde que je n'étais pas malade, mais mes
muscles devenaient plus raides et ma voix avait
changé de ton. << Ame, pourquoi tu es en colère,
personne ici ne veux te faire du mal, je ne veux
pas que ton corps tombe malade>>.
Nilde cherchait à me rassurer avec sa patience
habituelle, son air serein voltigeait dans le bureau,
<< demain Rosaria et moi on t'amènera chez le
médecin, juste une visite de contrôle>>

   J'accepte la proposition de nilde, mais je n'étais
pas tranquille. Nilde ouvre la pharmacie et retire
un flacon en me disant que ce comprimé allait me
faire dormir un peu, je lui dis <<C'est quoi
ça?........C'est du valium?>>

   <<ça va te faire du bien>> elle me répond.

Je monte à l'étage où il y avait encore ma chambre, avec encore mes posters, mes indiens, mes livres et ma musique.

Je ne sais pas à quoi penser, tout me parait irréel.

<< Ah, c'est bon le lit>>>......................Combien de jours j'avais dormi sous un pont, un porche, dans une cabine téléphonique!..............

Je m'endors habillée!...................

..................Et la vie continue.............

dans un autre jour, dans une autre réalité, et je ne suis pas bien, je suis très nerveuse, parce que...............je ne sais pas........................

Je tarde à descendre de l'étage, je vois la salle à manger où tout est prêt pour le petit déjeuner. Ce matin, c'est étrange tout le monde se regarde dans un silence pas normal. Je croise le regard maternel de Rosaria, je vois la tranquillité de Nilde qui n'a pas changé. Fini le déjeuner Rosaria et Nilde sont déjà prêtes, et moi je me traîne dans les couloirs du pensionnat: << Ame, nous sommes prêtes, allez, dépêche-toi, je te rappelle qu'on a un rendez-vous avec le médecin>> me crie Nilde d'en bas des escaliers!

Je ne sais pas pourquoi j'ai peur, ma tète est vide, mon corps aussi, je me fatigue même à penser à quelque chose. Tout me met sur les nerfs. Rosaria et moi, nous montions dans la voiture, Nilde nous conduit au Centre Hospitalier de Firenze. C'était la deuxième fois que j'allais à l'hôpital, la première pour l'appendicite, et je n'aimais pas ça.

Rosaria ne parlait pas beaucoup avec moi, et j'ai cru qu'elle était en colère contre moi. On entre par les urgences et Nilde nous dit d'attendre, et qu'elle va chercher le médecin. Je vois Nilde trop sure d'elle et pendent un instant j'ai eu des mauvaises pensées.

Finalement j'avais raison, Nilde et Rosaria ont déjà parlé avec quelqu'un, et ce n'était pas un médecin de l'alimentation, mais un toxicologue.

Sans rien dire, je regarde d'abord Rosaria, et je suis certaine qu'elle avait compris toutes mes pensées, ensuite, mes yeux se posèrent sur Nilde, et je ne sais pas pourquoi, ma colère était restée enfermée dans mon ventre. J'étais très fatiguée..............je n'avais pas envie de parler..........mais............je voulais être toute seule avec ma vie...............................

.............Et la vie continue................

Je reste un mois à l'hôpital, j'ai récupéré un peu de poids, maintenant je pèse 39kg a 16 ans, les règles sont revenues au rendez-vous d'une nouvelle vie. Mon être est en train petit à petit de refermer certaines blessures. Rosaria, était toujours avec moi, je suis allée à sa maison, je fais partie de sa vie, de leur vie de sa sœur et de son monde.

Maintenant, je sais rigoler, je sais ce que veux dire Amour pour les autres et pour moi-même.

J'aime la vie, je peux finalement grandir................

.........Et la vie continue..............

Les jours passent, les semaines poursuivent le chemin des saisons, je pense toujours à Giuliana,

Elle est et restera dans mon cœur, pour toujours.

Des amies de sa famille, et par la suite la confirmation de Rosaria m'annoncent que Giuliana est morte.

Elle est morte parce qu'elle voulait être libre, libre avec ses chevaliers et ses monstres.

Elle avait 16 ans, comme moi.

On fantasmait de batailles inconnues, avec des personnages inconnus, jour après jour, on combattait pour la survie, ce qui était devenu un pari avec nous même. Et j'ai pleuré ce Dieu qui n'était plus mon Dieu, j'ai pleuré, pour ne pas avoir pris sa main pleine de douleur.......................

...........mais la vie continue.....................

Un jour Rosaria m'a dit quelque chose qui allait faire basculer toute ma vie, et qui aujourd'hui (20 ans après), je prends acte pour mes enfants: On ne juge pas un homme sur la façon dont il tombe mais on le juge sur la façon dont il se relève.......Par la suite j'ai change le nom de ma mère. Cela n'effacera jamais les douleurs infligées par ce lourd passé.

Ce petit ouvrage, c'est ma vie.

Ce sont les moments les plus délicats que j'avais enfermés pour 20 ans dans mon ventre, dans mon cœur.

Si, aujourd'hui j'ai pu écrire tout ça, je le dois a mes parents adoptifs Rosaria et Salvatore à sa sœur Ida, à mes enfants Charly et Antoine, à Pierre mon compagnon, à mes amies Kiki, Nanou,et Marie B. et surtout je le dois:

à moi-mêm

Pour Giuliana,

Mort d'un chevalier perd

Tes longs cheveux qui caressent délicatement ton cœur, n'ont pas réussi à calmer ta haine envers un monde trop grand pour toi. Tu es rentrée dans ma vie comme une tornade.

 J'aimais ta façon de rigoler,

j'aimais ta façon de parler,

j'aimais ton monde fait de chevaliers et de monstres.

Je me suis senti coupable de ne pas être restée avec toi.

Mais je crois, qu'on a suivi des chemins tracés

à l'avance par nos destins.

On a fantasmé de batailles inconnues,

avec des personnages inconnus, mais le

combat pour la vraie vie était caché sous nos chapeaux de mensonges...........

Et la vie continue, avec le souvenir de toi

dans mon cœur, mais........

aujourd'hui le chevalier est fini, le chevalier le

chevalier est mort.

Ame

© 2009, Anne Torregrossa
Edition : Books on Demand, 12-14 rond-point des Champs Elysées, 75008 Paris
Impression : Books on Demand GmbH, Allemagne
ISBN : 9782810616930
Dépôt légal : décembre 2009